Der größte Wichtel der Welt
und andere Vorlesegeschichten

Originalausgabe

© Akkord Film / Bastei Lübbe AG
Copyright © 2021 by Bastei Lübbe AG, Köln

Cover und Serienbilder: Akkord Film Produktion GmbH, Berlin
Umschlag-, Innengestaltung und Satz: Thomas Krämer
Gesetzt aus der Chaparral Pro
Druck und Einband: Livonia Print, Riga

Unter Verwendung der Bilder aus der Fernsehproduktion »Petronella Apfelmus – Die Serie«
Seriendesign © by Akkord Film Produktion GmbH nach den Büchern von Sabine Städing,
illustriert von SaBine Büchner
Eine Akkord Film Produktion in Koproduktion mit SERU und ZDF

Printed in Latvia
ISBN 978-3-414-82627-5

5 4 3 2 1

Sie finden uns im Internet unter www.boje-verlag.de

Der größte Wichtel der Welt
und andere Vorlesegeschichten

Nacherzählt von Diana Steinbrede

Nach den Drehbüchern von

Jan Strathmann und Eckart Fingberg

Basierend auf der Buchreihe »Petronella Apfelmus« von Sabine Städing

(Illustrationen SaBine Büchner)

Inhalt

Der größte Wichtel der Welt 6

Aufprall mit Folgen 30

Rettet Amanda! 54

Der größte Wichtel der Welt

Im Garten von Petronella Apfelmus schaukeln die Blumen sachte im Wind. Die Apfelhexe hat es sich mit ihrer kleingezauberten Freundin Lea auf einem Stein gemütlich gemacht und nimmt ein Sonnenbad. Doch plötzlich werden die beiden von einer wütenden Stimme aus ihren Träumen gerissen.

„Bleib sofort stehen!" Das war Leas Bruder Luis.

„Ätschibätsch! Ihr kriegt mich nie!" Und das war der Wichtel Nisse.

Verwundert springen Petronella und Lea auf, schnappen sich den Hexenbesen und sausen nach unten. Dort geraten sie mitten in eine wilde Verfolgungsjagd.

Nisse hat sich offensichtlich Luis' Skateboard geschnappt und rast übermütig voran. Luis hat sich mit den Apfelmännchen Rübenbach und Karottenwams auf ein zweites Skateboard gequetscht und rast hinterher. Als plötzlich Petronella und Lea vor ihnen auftauchen, schreien die Skateboardfahrer erschrocken auf und geraten ins Schlingern. Fast knallen sie dabei gegen einen Baumstamm! Doch Petronella zückt rasch ihren Zauberstab und – Hex Höx! – schießt ein Pilz aus dem Boden, der den Aufprall abfängt. Was für ein Glück. Nisse, Luis und die Apfelmännchen purzeln durcheinander.

„Puh, das war knapp", seufzt Petronella.

Luis hat sich wütend wieder aufgerappelt und stampft auf Nisse zu.

„DER da hat mein Skateboard gestohlen!", ruft er.

Nisse versteckt sich schnell hinter Petronellas Rücken, doch die kleine Hexe sieht den Wichtel tadelnd an. „Stimmt das?"

„Aber nur, weil DIE mich bei ihren Rennen nicht mitmachen lassen", jammert Nisse.

„Du schummelst ja auch immer!", ruft Karottenwams.

Nun sieht Luis, dass an seinem Skateboard bei der wilden Fahrt ein Rad abgebrochen ist. „Und außerdem machst du alles kaputt!", schimpft er. „Fürs Skateboardfahren bist du einfach zu klein!"

Nisse ist total beleidigt. „Ich bin NICHT klein! Ich bin genauso groß wie du!"

„Aber nur mit Mütze", gibt Luis zurück und zieht sie dem Wichtel vom Kopf.

Nun hat Nisse die Nase voll. „Soll ich dir mal zeigen, WIE groß ich sein kann?!" Bevor Luis

sich's versieht, zieht Nisse ihm die Dose mit den Zauberkernen aus der Hosentasche, mit denen die Geschwister ihre Größe verändern können.

„Nicht die Zauberkerne!", rufen Petronella und die Apfelmännchen alarmiert. Doch es ist schon zu spät. Nisse schüttelt die Kerne und ist – Hex Höx! – so groß wie ein Mensch. Staunend blickt er an sich hinunter.

„Ich bin der größte Wichtel der Welt!", jubelt er und hüpft vergnügt umher. Die Erde unter seinen Füßen bebt, und die anderen Gartenbewohner beginnen zu schwanken. Sie halten sich mühsam an den Grashalmen fest. Das findet Nisse natürlich superlustig und stampft noch fester auf den Boden.

Prompt fliegt Petronella der Zauberstab aus der Hand. Sie beginnt, hektisch danach zu suchen. „Verhext noch mal, wo ist er denn nur …?", grummelt sie. Gerade als sie den Zauberstab unter einem Blatt entdeckt, ertönt plötzlich eine Stimme.

„Na, wer bist denn du?"

Entsetzt starren die Gartenbewohner nach oben, wo Frau Kuchenbrand vor Nisse steht und ihn neugierig anschaut.

Nisse ergreift panisch die Flucht. Da seine neue Größe allerdings ganz ungewohnt für ihn ist, prallt er prompt gegen einen Baumstamm, und die Zauberkerne fliegen in hohem Bogen ins Gras.

„Wir müssen sofort die Kerne zurückbekommen", flüstert Petronella Karottenwams und Rübenbach zu, die sich gleich auf die Suche machen. Im Nu hext die Apfelhexe Lea und Luis groß, damit die Zwillinge sich um Nisse kümmern können. Der Wichtel muss so schnell wie möglich wieder kleingezaubert werden! Rasch laufen die Kinder zu Nisse und ihrer Mutter hinüber.

„Ah, hier bist du!", ruft Lea und wendet sich schnell an ihre Mutter. „Das ist Nisse, er ist ... äh ..." Sie weiß nicht weiter.

„Er ist neu in unserer Klasse", kommt Luis ihr zu Hilfe.

„Aha." Frau Kuchenbrand lächelt. „Na dann: Hallo Nisse. Ich heiße Maike Kuchenbrand."

Nisse lächelt schüchtern zurück, und Frau Kuchenbrand zeigt einladend zum Haus.

„Hast du Lust auf ein paar frisch gebackene Kekse?"

Nisse bekommt ganz große Augen, und Lea und Luis versuchen rasch, ihn wegzuziehen.

„Ach nee, danke, Mama. Wir wollten Nisse noch den Teich zeig..."

Da hat sich der Wichtel jedoch schon losgerissen und flitzt zum Haus, wobei er freudig jubelt: „Kekse, Kekse!"

Frau Kuchenbrand schaut ihm verwundert nach. „Na, da ist aber jemand hungrig", sagt sie schmunzelnd und geht hinterher. Lea und Luis folgen ihr und wechseln einen besorgten Blick. Das kann ja heiter werden ...

In der Backstube des Müllerhauses serviert Frau Kuchenbrand den Kindern Kekse. Nisse benimmt sich ungewohnt manierlich und isst mit kleinen Bissen – wahrscheinlich will er Frau Kuchenbrand beeindrucken.

„Der Keks schmeckt mir ganz fabelvoll, Frau Maike", sagt der Wichtel, und die Zwillinge verdrehen heimlich die Augen.

Frau Kuchenbrand lächelt geschmeichelt und füllt den Keksteller auf. „Oh, vielen Dank", sagt sie und wirft ihren Kindern einen Seitenblick zu. „Euer Freund ist aber wirklich sehr wohlerzogen."

Nisse grinst Lea und Luis triumphierend an. „Ich bin eben schon sehr groß."

„Wir liefern Kekse auch nach Hause", erklärt Frau Kuchenbrand. „Wo wohnst du denn?"

Ohne nachzudenken, zeigt Nisse auf sein Versteck im Regal. Frau Kuchenbrand runzelt verwundert die Augenbrauen, und Lea beginnt, hektisch zu gestikulieren: „Ähm ... er meint, die Straße runter, in die Richtung!"

„Ach so", sagt ihre Mutter. „Na, ich pack dir gleich mal ein paar Kekse ein. Ich hole nur noch den Karton."

Frau Kuchenbrand verlässt die Küche, und augenblicklich stopft sich Nisse mehrere Kekse auf einmal in den Mund.

„Das reicht jetzt", sagt Luis genervt. „Deinetwegen fliegt noch alles auf. Komm jetzt mit." Er schiebt den Wichtel samt Stuhl zum Fenster, vor dem Petronella bereits wartet. Doch Nisse sträubt sich.

„Ich weiß, was ihr vorhabt! Nein! Ich will nicht wieder klein sein!"

Petronella hebt den Zauberstab.

„Frau Maike!", ruft der Wichtel panisch. „Frau Maike!"

In dem Moment kommt Frau Kuchenbrand mit dem Kekskarton zurück. „Da bin ich ja schon!" Sie beginnt, ein paar Kekse einzupacken, und Nisse versteckt sich hinter ihr, sodass Petronella ihren Zauberversuch einstellen muss. Nisse grinst schadenfroh und hat schon die nächste Idee.

„Du, Frau Maike, darf ich dir bei deiner schlimm vielen Hausarbeit helfen?", fragt er und fügt stolz hinzu: „Ich bin nämlich schon mächtig sehr groß!"

Frau Kuchenbrand schaut ihn verblüfft an. „Na so was ... aber gerne!" Dann schaut sie ihre Kinder an. „Sehr vorbildlich, euer Freund."

Nisse grinst triumphierend, während Lea und Luis schon wieder genervt die Augen verdrehen. Petronella am Fenster zuckt ratlos die Schultern.

Kurze Zeit später stehen die Zwillinge schlecht gelaunt am Esstisch, auf dem sich große Töpfe stapeln, und trocknen mit Nisse gemeinsam ab.

„Toll, Nisse!", sagt ihre Mutter. „Und schön, dass ihr zwei auch mithelft. Na dann, viel Spaß!" Damit verlässt sie die Küche, während Luis Nisse einen düsteren Blick zuwirft.

„Du hältst dich wohl für besonders schlau, was?"

Der Wichtel nickt frech und jongliert lachend mit ein paar Keksen.

„Aber freu dich ja nicht zu früh", warnt Lea ihn, denn da kommt schon Petronella durchs offene Fenster hineingeflogen.

„Nisse, komm doch wieder mit in den Garten", bittet sie ihn freundlich, aber der Wichtel verschränkt nur trotzig die Arme.

Petronella seufzt: „Wer nicht gehen will, muss schweben."

Mit diesen Worten richtet sie ihren Zauberstab auf Nisse, doch der weicht blitzschnell aus, sodass an seiner Stelle das Keksglas in der Luft schwebt. Petronella versucht es erneut, doch Nisse ist wieder schneller.

Lea und Luis wollen den frechen Wichtel festhalten, aber Nisse weicht immer wieder geschickt aus. Weil Petronellas Schwebezauber dauernd die falschen Gegenstände trifft, geht es im Zimmer immer turbulenter zu. Die Blumenvase, ein Bild, ein Bürostuhl und alle möglichen anderen Gegenstände fliegen durch die Luft … Schließlich flüchtet Nisse  unter den Esstisch und ruft: „Ich bin versteckt! Ich bin versteckt!" Trotz allem müssen die Geschwister bei dem Durcheinander lachen.

Doch dann macht Luis noch einen Versuch – und endlich kriegt er den Wichtel zu fassen. Schnell feuert Petronella ihren Schwebezauber ab – doch Nisse reißt sich los. Wieder geht der Zauber daneben und trifft Luis, der plötzlich durch die Luft fliegt. Auweia …

Genau in dem Moment kommt Frau Kuchenbrand in die Küche und läuft ahnungslos unter dem schwebenden Luis hindurch. Rasch fliegt Petronella hinter Luis her, hoch unter die Decke.

„Was war das denn eben für ein Krach?", fragt Frau Kuchenbrand. „Hat hier nicht jemand geschrien?"

Lea linst besorgt nach oben zu ihrem Bruder, während

Nisse behauptet: „Ich war das nicht. ICH bin schon fertig."
Grinsend zeigt er auf den Stapel sauberer Töpfe auf dem
Esstisch.

„Wie schön, Nisse", sagt Frau Kuchenbrand erfreut.

In dem Moment kann Petronella ihren Zauber nicht
länger halten, und Luis plumpst krachend mitten in die
Töpfe hinein. Frau Kuchenbrand fährt erschrocken herum.
Luis lächelt entschuldigend, doch seine Mutter sieht ihn
ärgerlich an.

„Na, ihr seid ja eine große Hilfe!
Nehmt euch mal ein Beispiel an Nisse,
der ist gewissenhaft und fleißig."
Kopfschüttelnd beginnt sie, das Chaos
aufzuräumen. Lea und Luis wollen sich
verteidigen, doch ihre Mutter lässt sie gar
nicht zu Wort kommen. „Apropos *fleißig*
...", fährt sie fort. „Habt ihr eigentlich
eure Hausaufgaben schon gemacht?"

„Äh, nein ...", druckst Lea herum.
„Aber die machen wir später."

Doch Nisse funkt wieder mal dazwischen. „Nein, jetzt!",
ruft er begeistert. „Ich will auch Hausaufgaben machen!"

Die Zwillinge stöhnen auf, doch da ist nichts zu machen.
Schließlich haben sie selbst behauptet, Nisse sei in ihrer Klasse.
Also müssen sie jetzt wohl oder übel mit ihm lernen ...

Lea und Luis sitzen gemeinsam mit Nisse am Tisch und beugen sich über ihre Mathesachen, während Frau Kuchenbrand an der Spüle steht und eine Schale mit Obst wäscht. „Wenn ihr fertig seid, gibt es frische Blaubeeren aus dem Garten", verkündet sie.

Nisse jubelt begeistert: „Au ja! Hausaufgaben kann ich wichtelschlau gut!" Er hat sich Heft und Stift geliehen, beobachtet aufmerksam, was die Zwillinge tun, und versucht, sie nachzuahmen. Erst konzentriert nachdenken, dann das Ergebnis aufschreiben. Doch Nisse versteht rein gar nichts vom Rechnen. Er schaut verständnislos auf die Aufgaben, malt gelangweilt im Heft herum und beginnt schließlich,

Faxen zu machen. Lea und Luis müssen kichern, doch jedes Mal, wenn Frau Kuchenbrand sich umschaut, tut Nisse so, als würde er ordentlich lernen.

Als sie schließlich die Blaubeeren in eine Schüssel umfüllt, nimmt er sein Heft und geht zu Frau Kuchenbrand hinüber.

„Erster, Frau Maike!", verkündet er stolz.

Frau Kuchenbrand schaut verwirrt auf die Kritzeleien. Als sie wieder aufblickt, hat Nisse sich die Schüssel gemopst, sitzt am Tisch und mampft Blaubeeren.

„Also ... ich glaub, ich seh nicht richtig!", ruft Frau Kuchenbrand empört.

Nisse grinst nur und schaufelt die Blaubeeren in sich hinein, während Lea und Luis ihm verärgert zusehen.

„He, langsam! Lass Lea und Luis auch noch welche übrig", ruft Frau Kuchenbrand, doch der Wichtel isst immer schneller.

„Stopp, Nisse! Das ist jetzt nicht mehr lustig. Gib mir die Schüssel."

Plötzlich schüttet Nisse alle restlichen Blaubeeren in seine Mütze und setzt sie auf, dann reicht er Frau Kuchenbrand grinsend die leere Schüssel. Doch die ist mittlerweile richtig sauer. Sie zieht Nisse die Mütze vom Kopf und füllt die Beeren wieder um. Lea und Luis wechseln einen besorgten Blick, doch es ist schon zu spät. Der Wichtel flippt aus. Wütend hüpft er auf und ab und reißt Frau Kuchenbrand seine Mütze weg. Dann wirft er die Schüssel mit den Blaubeeren auf den Boden.

Frau Kuchenbrand ist fassungslos. „Das räumst DU wieder auf!", verlangt sie.

Nisse will sich verstecken – doch er ist einfach zu groß …

Schnell läuft er in die Backstube und schließt die Tür hinter sich. Er will zurück in sein Versteck.

„Zu Hause findet die mich nie nicht", murmelt er vor sich hin und tastet in seiner Jackentasche nach den Apfelkernen, doch …

„Wo sind die Kerne!?", ruft er panisch. „Vermützt!"

„Ach, da bist du ja", hört er plötzlich eine

vertraute Stimme vom Regal und fährt herum. Petronella lehnt lässig an der Kanne neben seinem Versteck.

„Und?", fragt sie. „Wie ist es, wenn man der größte Wichtel der Welt ist?"

„Total doof!", ruft Nisse missmutig. „Die Frau Maike ist dauernd gemein zu mir. Und ich bin gar nicht mehr gut im Verstecken. Ich möchte wieder nach Hause." Traurig blickt er zu seinem Versteck.

Petronella lächelt und hebt bereits ihren Zauberstab, doch da stürmt Frau Kuchenbrand in die Backstube, gefolgt von Lea und Luis. Petronella verschwindet schnell hinter der Kanne.

„Hier steckst du also!", ruft Frau Kuchenbrand. „Mir reicht's!"

Nisse versucht vergeblich, ins Regal zu klettern, und Frau Kuchenbrand geht vor ihm in die Hocke.

„Nun hör mir mal gut zu", sagt sie. „Du bist wirklich ein netter Junge. Aber fürs Großsein, denke ich, bist du wohl doch noch etwas zu klein."

Nisse schaut bedröppelt zu Boden, und Frau Kuchenbrand fährt fort: „Ich glaube, es wäre das Beste, wenn wir deine Mutter anrufen, damit sie dich abholt."

Lea, Luis, Nisse – und Petronella in ihrem Versteck – zucken zusammen.

„Nein! Das geht nicht!", ruft Lea.

„Weil ... äh ... die hat kein Telefon!", fügt Luis hinzu.

Seine Mutter seufzt. „Na gut, dann bringe ich Nisse eben nach Hause."

„Das geht leider auch nicht!", ruft Lea wieder. „Seine Mama ist ... äh ..." Hilfe suchend schaut sie ihren Bruder an.

„Ja, genau ... krank ... nee, verreist, total weit weg ... äh ...", stammelt Luis, und Frau Kuchenbrand hebt verwundert eine Augenbraue. Da klopft jemand an der Tür zur Backstube.

„Guten Tag, störe ich?"

Alle drehen sich um.

Dort steht Petronella Apfelmus – in Menschengröße. Sie hält einen Korb mit Blaubeeren in der Hand und lächelt Frau Kuchenbrand freundlich an.

„Ich wollte meinen Sohn abholen."

Nisse stürzt sich begeistert auf Petronella und ruft: „Petro... äh ... Mama!"

Frau Kuchenbrand guckt genauso verwundert wie Lea und Luis.

„Ach, das ist IHR Sohn, Frau Apfelmus?", fragt Frau Kuchenbrand verwundert.

Petronella nickt. „Oh, ich ... ich hoffe, er hat sich benommen. Sie müssen wissen, manchmal verhält sich Nisse wie ein ... sagen wir, wie ein wild gewordener Hauswichtel."

Nisse nickt strahlend, und Petronella drückt Frau Kuchenbrand den Korb in die Hand. „Hier, als Dank, dass er bei Ihnen sein durfte. Blaubeeren. Sie sind ganz frisch aus meinem Garten."

Lea und Luis grinsen, während Frau Kuchenbrand verlegen nickt und sich überschwänglich bedankt.

Petronella und Nisse verabschieden sich. Frau Kuchenbrand steht mit ihren Kindern auf der Terrasse und blickt ihnen nach.

„Was für eine reizende Frau", sagt sie und probiert eine Blaubeere. „Wobei die Blaubeeren aus MEINEM Garten doch noch ein bisschen besser schmecken."

Lea und Luis grinsen sich an und folgen ihrer Mutter zurück ins Haus. Das ist ja zum Glück noch mal gut gegangen. Puh!

Im Garten zückt Petronella ihren Zauberstab und blickt Nisse an. „Na?"

Der Wichtel breitet die Arme aus. „Ich will wieder ein kleiner wild gewordener Wichtel sein!"

Die Apfelhexe lacht und schrumpft ihn und sich – Hex Höx! – wieder klein. Nisse blickt sich erleichtert um und kann sein Glück kaum fassen. Plötzlich preschen Rübenbach und

Karottenwams auf dem Skateboard heran und legen vor ihnen eine Vollbremsung hin.

„Ach, HIER seid ihr!", schnauft Karottenwams.

„Auftrag ausgeführt!", ruft Rübenbach stolz. Er faltet ein Blatt auseinander und präsentiert die Apfelkerne, die Nisse verloren hatte.

Petronella reibt sich zufrieden die Hände. „Wunderbar. Nisse, du wirst sie Luis wieder zurückgeben …"

Doch Nisse schüttelt energisch den Kopf und fällt ihr ins Wort: „Nee, besser nicht. Zu gefährlich. Da mache ich lieber was anderes!"

Im Astumdrehen schnappt er sich das Skateboard und saust jubelnd davon. Petronella und die Apfelmännchen blicken ihm kopfschüttelnd hinterher. Nisse ist und bleibt einfach unverbesserlich.

Aufprall mit Folgen

Der Garten des Müllerhauses liegt friedlich im Sonnenschein. Eine himmlische Ruhe erfüllt die Luft – bis aus dem Apfelbaum von Petronella plötzlich ein heftiges Husten zu hören ist.

„Diese Hustverschnupfung bringt mich noch um den Verstand, Petronella!", schimpft Rübenbach, der im Apfelhaus auf der Behandlungscouch liegt. Vergeblich versucht das Apfelmännchen, ruhig ein- und auszuatmen, wie die Apfelhexe es ihm gesagt hat.

„Keine Sorge", sagt Petronella schließlich. „Lea und Luis haben das richtige Mittel gebraut."

Die Zwillinge stehen am Herd und rühren in einer brodelnden Flüssigkeit. Sie helfen der Apfelhexe heute bei ihrer Behandlung, während Hirschkäfer Lucius auf dem Regal die Bücher ordnet.

Als Luis vorsichtig ein kleines Fläschchen der Medizin zur Apfelhexe trägt, verzieht Rübenbach das Gesicht, öffnet aber artig den Mund. Petronella schwingt den Zauberstab und lässt den magischen Husten-Schnupfen-Saft in Rübenbachs Mund tropfen.

„Lirum larum Apfelbrei,
Hustverschnupfung geh vorbei.
Hex Höx!"

Rübenbach schluckt. Dann schweben kleine lila Wolken aus seinem Mund und zum geöffneten Fenster hinaus. Zufrieden schaut die Apfelhexe ihnen hinterher – und stutzt.

„Nanu, was ist denn das?", murmelt sie, steht auf und schaut durch ihr Piratenfernrohr. Kopfschüttelnd tritt sie zurück. „Da kommt Pestilla angeflogen. Aber sie hängt ganz schief auf ihrem Besen. Ich frage mich wirklich, was sie hier will …"

Lucius unterbricht seine Arbeit und stöhnt auf. „Die Oberhexe will bestimmt die Einhaltung der Hexenregeln kontrollieren." Er beginnt, an seinen Fingern abzuzählen. „Ist alles ordentlich aufgeräumt? Sind keine Menschenkinder in der Nähe ...?" Erschrocken hält er inne und blickt auf Lea und Luis.

Die Geschwister sehen Petronella unsicher an.

„Sollen wir lieber gehen?", fragt Lea. „Nicht, dass du wieder Ärger bekommst!"

Doch die Apfelhexe schüttelt energisch den Kopf. „Schneckenpups! Solange ich klar denken kann, gehören meine allerbesten Freunde zu mir wie mein Hexenbuch. Ich spreche einfach schnell einen kleinen Tarnzauber und ... Wo ist denn überhaupt mein Hexenbuch?" Sie blickt sich im Apfelhaus um und beginnt zu suchen.

Unterdessen hat Rübenbach sich aufgesetzt. „Und was ist mit mir?"

„Du bist vollständig geheilt", sagt der Hirschkäfer und schiebt ihn eilig zur Tür hinaus.

„Aha!", ruft Petronella da triumphierend. „Hier hast du dich versteckt." Sie hat das Hexenbuch auf dem höchsten Regalbrett entdeckt und richtet ihren Zauberstab darauf. Das Buch kommt in Bewegung und schwebt langsam nach unten.  Als ein lautstarkes Klopfen ertönt, zuckt die Apfelhexe zusammen und schaut zur Tür. Dabei lässt ihr Zauber nach, das Buch nimmt Fahrt auf und saust immer schneller nach unten.

„Achtung, Petronella!", ruft Luis noch, doch da ist es schon zu spät. Das schwere Hexenbuch donnert Petronella auf den Kopf. Sie sinkt benommen zu Boden.

Das Klopfen an der Tür wird lauter, und sie hören Pestillas Stimme. „Au! Mein Arm! Petronella, bist du da?"

Lea und Luis haben der Apfelhexe unterdessen in den Sessel geholfen. Sie guckt ein bisschen seltsam.

„Petronella, geht es dir gut?", fragt Lea besorgt.

„Sehr gut!", erwidert die kleine Hexe vergnügt. „Aber wer ist Petronella?"

Die Zwillinge schauen sich verdutzt an, während ihre Freundin kichernd bemerkt: „Ihr seht lustig aus. Wer seid ihr?"

Oje. Der Schlag auf den Kopf hat die Apfelhexe anscheinend völlig durcheinandergebracht! Pestilla klopft währenddessen immer noch unermüdlich an die Tür. Warum muss sie ausgerechnet im unpassendsten Moment auftauchen?

„Wenn die Oberhexe Petronella so sieht, nimmt sie ihr bestimmt den Garten weg!", ruft Luis.

„Und was machen wir jetzt?", fragt Lea bestürzt.

Erneut hören sie Pestillas wütende Stimme: „Aua! Ich weiß, dass du da bist, Petronella! Mach sofort auf!"

Lucius springt zur Tür und öffnet sie einen kleinen Spalt. Pestilla steht davor und hält sich mit schmerzverzerrtem Gesicht den Arm. Lucius tut ganz überrascht. „Ach, Sie sind es, Pestilla."

Die Oberhexe runzelt die Stirn. „Was soll der Krötenquatsch? Wo ist Petronella?"

Unterdessen tätscheln die Zwillinge der Apfelhexe die Hände, und Luis flüstert eindringlich: „Komm zu dir, bitte! Du bist doch unsere Apfelhexe!"

„Hexe?", fragt Petronella erstaunt und beginnt erneut zu kichern.

Pestilla vor der Tür horcht misstrauisch. „Da kichert doch jemand."

Während der Hirschkäfer noch nach einer Ausrede sucht, wird er plötzlich zur Seite geschoben, und Petronella erscheint höchstpersönlich in der Tür.

Staunend betrachtet sie Pestillas Hut, und Lea und Luis gehen vorsichtshalber erst mal in Deckung.

„Oh! Das ist ja ein richtiger Hexenhut", bemerkt Petronella nun, geht an Pestilla vorbei und balanciert unsicher bis zum Ende des Astes.

Pestilla schielt irritiert nach oben. „Selbstverständlich", sagt sie dann geschmeichelt.

„Willst du wissen, woher ich ihn habe? Paris, dritter Bezirk, Hexengasse, kleiner feiner Hutladen." Langsam folgt sie Petronella.

Lea und Luis lugen vorsichtig aus dem Fenster.

„Die merkt ja gar nicht, dass Petronella den Verstand verloren hat", wispert Luis.

„Das muss auch so bleiben", beschließt Lucius. „Ihr schaut ins Hexenbuch. Vielleicht findet ihr ein Kraut, um Petronella wiederherzustellen. Ich lenke inzwischen den Oberhexendrachen ab."

Mit diesen Worten fliegt er los, vorbei an den beiden Hexen, die noch immer plaudern, als wären sie plötzlich die besten Freundinnen.

„Toller Hut aus feinem Laden", sagt Petronella gerade, nimmt ihren eigenen Hut ab und mustert ihn kritisch. „Ganz anders als meiner."

Pestilla nickt und hat Petronella nun eingeholt. „Schön, dass du das endlich auch einsiehst. Ein krummer Hut ist eben ..." Sie hebt spontan den Arm, verzieht aber mitten in der Bewegung ihr Gesicht. „Au!" Der Arm baumelt nun ungelenk an ihrer Seite. „Da ist es wieder. Verflixter Hexenschussverdruss. Ich kann meinen Arm kaum heben. Du musst mir helfen!"

Bevor Petronella jedoch antworten kann, hören sie plötzlich Lucius' Stimme. Er fliegt unter dem Ast herum und singt laut und schief ein Ständchen: *„Sah ich einst ein Hexelein. Die Nase krumm, den Hut sehr fein. Hab ihr dieses Lied geschrieben, sie ist dann bei mir geblieben ..."*

„Aufhören!", wettert Pestilla sofort. „Das ist ja unerträglich." Sie zieht Petronella zur Seite, die kichernd zu Lucius schaut. „Witziger Käfer."

Lucius hält inne und landet ratlos wieder auf dem Ast. Pestilla beachtet ihn nicht weiter. Stattdessen läuft sie mit Petronella zurück Richtung Apfelhaus, wo Luis am Fenster steht und lauscht.

„Weißt du, was das Schlimmste ist, Petronella?", klagt die Oberhexe und zeigt auf ihren verletzten Arm. „Ich kann meinen Zauberstab nicht schwingen … au!"

„Interessant", murmelt Petronella. „Aber warum kommst du damit zu mir?"

Jetzt wirkt Pestilla zum ersten Mal irritiert.

„Es ist vorbei", flüstert Luis seiner Schwester zu, die vergeblich im Hexenbuch nach einem hilfreichen Zaubertrank sucht.

„Was? Wieso?!" Lea schaut auf.

„Petronella hat sich verraten", erklärt Luis ihr leise.

Doch kaum hat er das gesagt, beobachten die Zwillinge durch das Fenster überrascht, wie Pestilla Petronella eine Hand auf die Schulter legt.

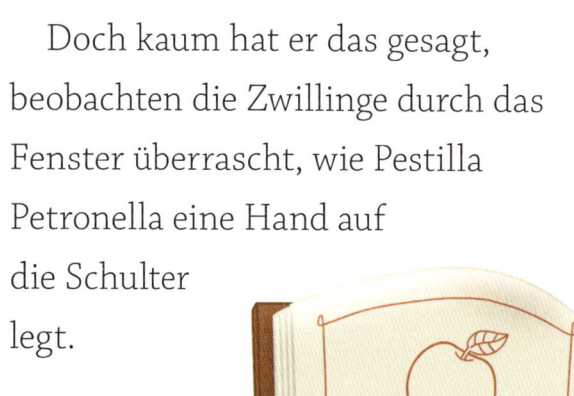

„Du hast ja recht. Deine Verrücktheiten haben mich tatsächlich manches Mal geärgert", sagt die Oberhexe versöhnlich. „Aber ... heute kommst du mir wie ausgewechselt vor."

Petronella kratzt sich nachdenklich am Kopf, dann fällt ihr Blick auf Pestillas Hexenbesen, der neben der Tür des Apfelhauses lehnt.

„Oh, das ist ja ein Hexenbesen!", ruft sie verwundert.

Pestilla lächelt stolz. „Aber natürlich, das kannst du laut sagen. Tja, mein Sebastian!"

„Und was macht man damit?", fragt Petronella.

Einen Moment wird es beängstigend still. Lucius versucht erneut, die Situation zu retten. „Haha, guter Witz, Petronella! Wie wär's mit Fliegen? Haha!"

Während Pestilla sich pikiert zu dem Hirschkäfer umdreht, greift Petronella staunend nach dem Besen. „Du bist damit geflogen? Toll!"

Lucius wirft den Zwillingen einen alarmierten Blick zu. War wohl doch keine so gute Idee mit dem Witz. Hoffentlich hat er Petronella jetzt nicht auf falsche Gedanken gebracht ... Doch ehe die Freunde sich's versehen, sitzt die Apfelhexe schon auf dem Besen und saust im Sturzflug davon.

Pestilla schaut verdattert hinterher und ruft: „Aber was soll denn das? Und was ist jetzt mit meinem Hexenschussverdruss? … Ich muss hinterher!" Rasch eilt sie ins Apfelhaus, schnappt sich Petronellas Besen und ist schon in der Luft – allerdings mit mächtig Schlagseite, wegen ihres kranken Arms.

„Oje, was tun wir, wenn Petronella abstürzt?", ruft Lea besorgt.

Doch Luis weiß schon Rat. „Die Apfelmännchen! Sie werden uns bestimmt helfen."

Die Sache ist jedoch viel schwieriger als gedacht. Aus dem Fenster des Apfelhauses beobachten die Zwillinge verzweifelt, wie Petronella völlig außer Rand und Band ein haarsträubendes Flugmanöver nach dem anderen hinlegt. Sie dreht Loopings auf dem Hexenbesen, macht dann eine Rolle, einen Aufschwung … und jubelt dabei voller Freude.

Gleichzeitig flitzen auf dem Boden die Apfelmännchen mit einem Sprungtuch hinter Petronella her, während Lucius versucht, sie in die richtige Richtung zu dirigieren.

Doch die Apfelmännchen kommen bei Petronellas Zickzackkurs kaum hinterher und sind schon völlig außer Atem. Selbst Pestilla hat keine Chance, die Apfelhexe einzuholen.

„Was ist denn jetzt mit meinem Arm?", ruft die Oberhexe und streckt die Hand nach Petronella aus. Die Apfelhexe umkreist sie übermütig und klatscht sie ab – und da passiert es: Es knackst in Pestillas Ellenbogen, und sie kann den Arm wieder bewegen! Begeistert hebt sie ihn hoch und winkt. „Schon viel besser, Petronella!", ruft sie entzückt und fliegt der Apfelhexe nun zügiger hinterher. „Ich muss schon sagen, eine erstaunliche Heilmethode!"

Petronella fliegt jedoch weiter, ohne sie zu beachten.

Da fällt ihr plötzlich der Zauberstab in ihrem Gürtel auf. Neugierig zieht sie ihn heraus und schwingt ihn ein paarmal durch die Luft. Als sie am Boden einen Stein entdeckt, richtet sie den Zauberstab darauf – und der Stein beginnt zu schweben.

„Ich kann zaubern!", ruft Petronella begeistert und richtet nun ihren Stab auf alle möglichen Dinge, die daraufhin nach oben schweben. Eine Gießkanne, Früchte, Blumen ... Doch dann erwischt sie leider auch die Apfelmännchen.

„Aah! Hilfe!", schreien sie, und Lucius, der seine Freunde noch festhalten will, wird ebenfalls vom Schwebezauber erfasst und segelt in die Luft.

Pestilla fliegt verwundert zwischen den schwebenden Gegenständen hindurch. „Was ist denn hier los?", fragt sie sich. Da kommt ihr auf einmal Lucius in die Quere. „Du schon wieder!", sagt die Oberhexe und greift ohne nachzudenken nach ihrem Zauberstab.

„Wolkenpilz und Hexenreich,
geh mir aus dem Weg sogleich!"

Vom Zauberspruch getroffen schießen die Freunde schreiend nach unten und landen unsanft wieder auf dem Boden.

„Geht doch!" Erfreut wedelt Pestilla mit dem Stab. „Ich kann meinen Arm wieder richtig bewegen, Petronella. Ich bin geheilt!" Sie schaut um sich. „Petronella?"

Doch die Apfelhexe ist nirgendwo zu sehen. Was auch kein Wunder ist, denn sie ist geradewegs auf dem Besen durch das offene Fenster ins Apfelhaus geflogen und hat eine Bruchlandung hingelegt.

Als sie die Zwillinge anlächelt, schöpft Lea neue Hoffnung.

„Vielleicht hat der Aufprall sie wieder zur Vernunft gebracht?", flüstert sie Luis zu.

Doch Petronella schaut die Zwillinge mit großen Augen an. „Wer seid ihr?"

„Na, deine Freunde!", rufen Lea und Luis.

„Ach ja, Freunde!", gluckst Petronella und setzt sich auf. „Gute Freunde?"

Die beiden nicken eifrig.

Petronella runzelt die Stirn. „Und was macht man mit denen?"

Enttäuscht lassen Lea und Luis die Schultern hängen. Da ertönt plötzlich Pestillas Stimme an der Tür, offensichtlich hat sie die letzten Worte gehört.

„Was man mit Menschenkröten macht?", schnaubt sie. „Die setzt man selbstverständlich vor die Tür und zwar schnell."

„Vor die Tür? Tja, schade", sagt Petronella. „Dann müsst ihr wohl gehen."

„Aber wir können doch nicht einfach so gehen!", protestiert Luis.

Pestilla ist allerdings unerbittlich. „Doch, das könnt ihr. Und zwar für immer. Petronella hätte es nicht besser sagen können."

Die Kinder schauen noch einmal bittend Petronella an, doch die zuckt nur bedauernd die Schultern. Gerade wollen sie das Apfelhaus verlassen, als Hirschkäfer Lucius mit verschränkten Armen in der Tür auftaucht.

„Halt! Hier geht niemand."

Petronella bekommt direkt wieder einen Lachanfall. „Haha! Der witzige Käfer!"

Die Oberhexe verliert langsam die Nerven. „Der ist nicht witzig, der ist völlig verrückt. Lass sofort die Menschenkröten durch!"

Lucius bleibt jedoch standhaft. „Ich sehe hier keine Kröten. Nur Petronellas allerbeste Freunde. Und die bleiben hier. Aber SIE können gehen!"

Bei diesen Worten bekommt Pestilla fast Schnappatmung. Sie ist völlig außer sich. „Was?!", keift sie. „Du willst mich … Der ist doch wirklich verrückt! Ich … da …"

Lucius hält ihr derweil vergnügt die Tür auf. „Auf Wiedersehen!"

Pestilla ist wie vor den Kopf gestoßen. „Da … Da hilft nur noch ein Klar-im-Kopf-Zauber." Entschlossen richtet sie ihren Zauberstab auf Lucius. Luis will dazwischengehen, doch Lea hält ihn zurück.

„Lass sie", flüstert sie ihm zu. „Das müssen wir nutzen." Sie deutet unauffällig auf Petronella, die das Gespräch verwirrt verfolgt hat, aufgestanden ist und wieder schallend lacht. Dann wendet sie sich an Pestilla. „Genau, ich finde das auch völlig durchgeknallt."

Sanft schiebt Lea Lucius in Petronellas Richtung und flüstert ihm eindringlich zu: „Los, setz noch einen drauf!"

Lucius wird sofort klar, was das Mädchen vorhat: Sie müssen Pestilla irgendwie dazu bringen, den Klar-im-Kopf-Zauber bei Petronella anzuwenden! Der Hirschkäfer beginnt, verrückt herumzutanzen und singt: „Die Hexe hat den Stab gezückt. Vermutlich ist sie selbst verrückt."

Pestilla folgt ihm mit dem Zauberstab, mittlerweile kocht sie vor Wut. „Jetzt reicht's aber!", ruft sie.

„Ohrenschmalz und Birnenmatsch,
Schluss mit dem verrückten Quatsch.
Warzen, Pickel, Nasenhaar,
dein Kopf ist wieder völlig klar."

In dem Moment, als der Zauberstrahl in Lucius' Richtung schießt, ziehen Lea und Luis ihn zur Seite, sodass an seiner Stelle Petronella getroffen wird. Sie sinkt in einer lilafarbenen Wolke rückwärts in ihren Sessel.

„Was? Nein!", ruft Pestilla entsetzt.

Als sich die Wolke aufgelöst hat, starren alle gespannt Petronella an, die sie verwundert anblinzelt. „Aber ... Lea und Luis? Was macht ihr denn für bedröppelte Gesichter? Geht es euch nicht gut?"

Die Zwillinge grinsen erleichtert. Petronella klingt wieder genauso, wie sie sie kennen. Und auf einmal geht es ihnen wieder hextastisch!

Petronella schaut zur Oberhexe. „Und du, meine Teuerste? Kann ich dir irgendwie helfen?"

Pestilla schüttelt den Kopf, als würde sie aus einem Traum erwachen. Dann erinnert sie sich an ihren Arm und hebt ihn hoch. „Äh ... Ja. Nein. Du hast mich ja schon geheilt!", stammelt sie.

„Na, umso besser", sagt die Apfelhexe verwundert.

Da steckt Gurkenhut seinen Kopf zur Tür herein.

„Ich glaube, wir haben uns eine Flugverstauchelung geholt", jammert er, und die Apfelmännchen stolpern mit verrenkten Gliedmaßen ins Apfelhaus.

Petronella winkt sie zu sich. „Dann kommt mal schnell her. Und dir, Pestilla, wünsche ich weiterhin gute Besserung."

Damit schiebt sie die Oberhexe an den Apfelmännchen vorbei zur Tür hinaus. Pestilla wirkt immer noch reichlich verdattert.

Lucius entdeckt ihren Besen, der noch im Apfelhaus steht, und bringt ihn ihr. „Warten Sie! Ihr Oberhexenbesen!"

„Danke", sagt Pestilla abwesend, schwingt sich auf ihren Sebastian und fliegt davon.

Petronella schließt die Tür und dreht sich zu Lucius und den Zwillingen um. „Na, so was! Ich glaube, die Gute wird langsam vergesslich! Zum Glück passiert mir so was nicht."

Lucius, Luis und Lea brechen in schallendes Gelächter aus, und Petronella fragt sich noch den ganzen Tag, was an dieser Bemerkung eigentlich so lustig gewesen ist …

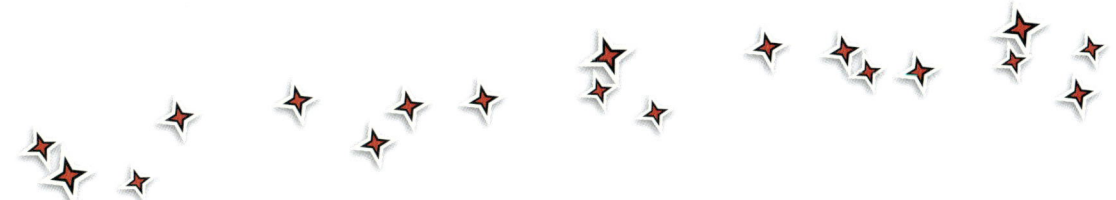

Der Garten des Müllerhauses liegt schläfrig in der warmen Sonne. Nur unter dem Eimer, der Raupe Amanda als Wohnung dient, herrscht geschäftiges Treiben.

Apfelhexe Petronella ist zu Besuch, und sie lässt mit ihrem Zauberstab Löffel und Töpfe durch die Luft sausen, während Maus Hilda eifrig durch die Gegend flitzt und nach Amandas Anweisungen Nüsse, Mehl und Zucker einsammelt.

„Oh, das wird perfekt", schwärmt Amanda und schaut auf ihren Notizblock. „Warte … Früchte?"

Hilda sieht keine und macht sich gleich auf den Weg, um welche zu besorgen.

Unterdessen tauchen die kleingehexten Zwillinge Lea und Luis auf und schleppen einen Fingerhut heran.

Amanda überlegt. „Hm … Zimt. Wo ist der Zimt?" Die Raupe blickt sich suchend um.

Lea und Luis zeigen auf den Fingerhut. „Hier. Eine kleine Spende für dein Festessen heute Abend", verkündet Lea.

Luis grinst. „Frisch geklaut aus Papas Vorratskammer."

Amanda nickt zufrieden. „Dann fehlen noch die …"

In dem Moment rollt Hilda eine Reihe Blaubeeren in die Wohnung, und Amanda drückt die Maus voller Inbrunst an die Brust. „Meine beste Freundin! Was würde ich nur ohne dich tun? Das Festessen könnte ohne deine Hilfe niemals stattfinden."

Hilda ringt nach Luft, so fest drückt die Raupe sie an sich, lächelt aber gerührt und fragt: „Fehlt noch was?"

Amanda nickt. „Und ob. Es fehlt noch das Allerallerwichtigste …"

Hilda nickt eifrig und flitzt schon wieder los. „Kommt sofort!"

Die Zwillinge blicken die Raupe neugierig an. „Was ist denn das Allerallerwichtigste?", wollen sie wissen.

„Na, frische, saftig grüne Minze!", antwortet die Raupe.

„Amanda hat sich nämlich ein neues Dessert einfallen lassen", erklärt Petronella verheißungsvoll und lässt die Blaubeeren in die Luft schweben.

„Genau", sagt Amanda stolz. „Blaubeer-Minz-Törtchen auf einem Bett aus feinster Zimtmousse. Das wird DER Knaller des Abends!"

Die Zwillinge wechseln einen begeisterten Blick.

„Das klingt großartig!", jubelt Lea. „Können wir euch helfen?"

Doch leider macht ihr Vater ihnen einen Strich durch die Rechnung.

„Kinder, wo seid ihr? Ich brauch euch in der Backstube!", hören sie seine Stimme und lassen die Schultern hängen.

„Och nö", grummeln sie im Chor.

„Macht euch nichts draus", tröstet Petronella sie. „Hauptsache, ihr kommt nachher zum Festessen."

Die Kinder verabschieden sich und laufen in Richtung Backstube davon, während Amanda freudig in die Hände klatscht.

„Jetzt zaubert AMANDA!", ruft sie unternehmungslustig.

Petronella lässt mit ihrem Zauberstab lachend einen großen Löffel und einen Schneebesen in ihre Hände springen.

Doch gerade als die Raupe loslegen will, kommt Hilda atemlos angestürzt.

„Keine Minze! Frau Kuchenbrand hat alles ratzekahl leergepflückt."

Amanda und Petronella wechseln einen Blick. Ohne Minze geht hier gar nichts! Also gibt es nur eine Möglichkeit: Sie müssen irgendwie an die Minze von Frau Kuchenbrand herankommen ...

Kurze Zeit später stehen Amanda, Petronella und Hilda auf der Gartenmauer und blicken hinüber zur Backstube.

Petronella schaut mit ihrem Piratenfernrohr durch das halb geöffnete Fenster ins Innere. Frau Kuchenbrand ordnet gerade zufrieden einen Strauß Minze.

„Geht's nicht auch ohne Minze?", fragt die Apfelhexe und lässt ihr Piratenfernrohr sinken.

Doch Amanda ist völlig entrüstet. „Ein Blaubeer-MINZ-Törtchen OHNE Minze? Machst du Witze?" Entschlossen nimmt sie Petronellas Fernrohr und blickt selbst hindurch.

Dann sagt sie: „Ich will mein Dessert! Minze, ich komme!"

Hilda schwant nichts Gutes. Ihre Freundin will doch wohl nicht in die Backstube? „Bist du verrückt?", piepst sie. „Das ist viel zu gefährlich!"

Doch Amanda blickt unbeirrt auf die Wiese unter sich.

„Außerdem ist das Fenster viel zu hoch für eine dicke träge Raupe ...", fährt Hilda fort – in dem Moment macht Amanda schon einen Satz und springt auf ein Grasbüschel hinunter.

Petronella und Hilda sehen entgeistert zu, wie sich die Raupe an einen Grashalm klammert, der erst absinkt und sie dann direkt in Richtung Backstubenfenster schleudert. Amanda landet tatsächlich unversehrt, rollt sich ab und krabbelt durch das offene Fenster.

Rasch fliegen Petronella und Hilda auf dem Hexenbesen hinterher, landen auf dem Fensterbrett und blicken nervös in die Backstube. „Amanda!", rufen sie leise.

„Immer macht sie solche Dummheiten, typisch!", schimpft die kleine Maus, die sich große Sorgen macht.

Plötzlich wird das Fenster weit aufgestoßen und fegt Petronella und Hilda zur Seite. Petronella kann sich im letzten Moment am Fensterflügel festhalten, doch Hilda rutscht hinab und klammert sich gerade noch an

Petronellas Fuß. Panisch blicken sie nach unten, wo es gefährlich in die Tiefe geht.

Herr Kuchenbrand, Lea und Luis stellen ein großes Backblech mit Schokotörtchen zum Auskühlen auf die Fensterbank.

Hilflos in der Luft hängend hören Petronella und Hilda noch, wie Herr Kuchenbrand die Kinder ermahnt, nicht zu naschen und sie dann zum Tischdecken auf die Terrasse des Cafés schickt.

„Huuuu, ist das hooooch! Petronella, tu doch was!", piepst Hilda.

„Halte durch!" Die Apfelhexe schaut auf ihren Besen, der noch auf dem Fensterbrett liegt. Dann holt sie tief Luft und lässt los. Schreiend stürzen die beiden in die Tiefe.

Petronella kann mit dem Zauberstab gerade noch rechtzeitig ihren Besen zu sich lenken, der sie auffängt.

„Das ist nichts für ein kleines Mäuseherz", stöhnt Hilda, als sie wieder auf dem Fensterbrett stehen. Zum Glück taucht nun Amanda auf der anderen Seite auf und schwenkt triumphierend ein Minzblatt. „Huhu! Ich hab's gefunden!", ruft sie.

Petronella und Hilda atmen auf. „Nun aber nichts wie weg hier", flüstert Petronella und winkt die Raupe zu sich. Dabei hat sie leider nicht bedacht, dass Amanda über das Backblech mit den Schokotörtchen kriechen muss, die verführerisch duften. Wie magisch angezogen bewegt sich die Raupe auf die Törtchen zu. Ihre Nase beginnt zu zucken.

„Nein!", ruft Hilda panisch. „Lass das!"

Doch Naschkatze Amanda kann nicht anders: Sie muss einfach probieren. Sie steckt einen Finger in die Schokofüllung und schleckt ihn genüsslich ab – dann kann sie sich nicht mehr halten und hüpft jubelnd mitten in das Törtchen hinein!

Petronella und Hilda stöhnen auf und laufen zu ihrer Freundin hinüber. Hilda behält ängstlich die Backstube im Auge.

„Genug geplanscht!", schimpft sie. „Du kommst jetzt auf der Stelle da raus!"

„Ja, ja, schon gut", murrt Amanda und versucht, aus dem Törtchen zu klettern.

Doch die Schokomasse ist so zäh und klebrig, dass sie nicht herauskommt! Hilda zieht an Amandas Arm, doch auch das zeigt keine Wirkung. Verzweifelt schaut sie zu Petronella. Die schwingt lächelnd ihren Zauberstab. „Wenn's keiner schafft, hilft Zauberkraft. Also:

„Lirum larum Apfelschmaus,
kleine Raupe, komm heraus.
Hex Höx!"

Doch hier versagt selbst der beste Apfelhexen-Zauber. Die Raupe steckt immer noch in der Schokolade fest.

Petronella zieht zunehmend nervös mit ihrem Zauberstab an dem Zauberband, das sie um die Raupe gelegt hat. Hilda stellt sich hinter sie und zieht mit. Plötzlich gibt es einen Ruck, und das Törtchen fliegt samt Amanda in hohem Bogen durch die Luft. Mit einem lauten „Klatsch!" landet es auf dem Boden der Backstube – und das Minzblatt flattert traurig hinterher.

„Verrumster Fliegenmist!", schimpft die Apfelhexe. „Warte, wir kommen zu dir!"

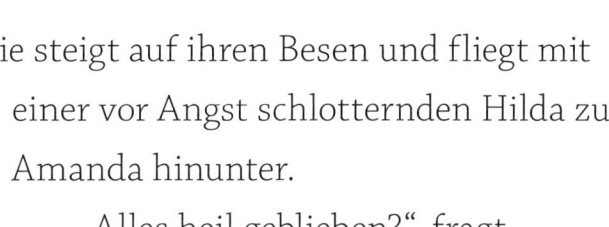

Sie steigt auf ihren Besen und fliegt mit einer vor Angst schlotternden Hilda zu Amanda hinunter.

„Alles heil geblieben?", fragt Petronella besorgt.

Amanda schüttelt den Kopf und zeigt auf das Törtchen. „Ich glaube, da fehlt ein bisschen Schokolade."

Hilda verdreht die Augen. „Und was jetzt?" Hilfe suchend schaut sie Petronella an, die fieberhaft überlegt. Von draußen hören sie Geschirrklappern. Petronellas Miene hellt sich auf. Das müssen Lea und Luis sein, die auf der Terrasse die Tische decken! Sie wird die Zwillinge einfach um Hilfe bitten, dann können sie im Astumdrehen wieder aus der Backstube verschwinden.

„Bin gleich wieder da!", ruft sie, schwingt sich auf ihren Besen und fliegt aus dem Fenster.

„Was?" Hilda schaut ihr entgeistert hinterher. „Nein, komm zurück!" Ängstlich sieht sie sich in der Backstube um. „Das ist eine ganz üble Gegend hier", piepst sie. „Zu viele Menschen …"

Als Amanda ihr auf die Schulter tippt, zuckt Hilda kreischend zusammen. Die Raupe zeigt ungerührt auf das Minzblatt, das neben dem Törtchen liegt.

„Gib mal die Minze. Ohne schmecken die Törtchen nicht."

Da platzt Hilda aber endgültig der Mäusekragen. „Ich renne und flitze den ganzen Tag, jetzt muss ich dich auch noch aus Lebensgefahr retten – und was machst du? Du denkst nur an dein blödes Dessert!" Beleidigt stemmt sie die Pfoten in die Seiten.

„Du hättest ja nicht mitzugehen brauchen", sagt Amanda trotzig.

„Und du könntest dich ruhig mal bedanken, Amanda!"

„Du kannst ja gehen", sagt die Raupe und wendet ihrer Freundin den Rücken zu.

„Mach ich auch!", gibt Hilda wütend zurück. Dann klettert sie flink zum Fenster hoch und wirft noch mal einen Blick auf den Boden. Amanda versucht ächzend, das

Minzblatt zu erreichen. Hilda schnaubt und verschwindet nach draußen. Soll diese sture Raupe doch selbst sehen, wo sie bleibt! Hilda läuft an einer Regentonne hoch und setzt sich schmollend auf den Rand.

In der Backstube hört Amanda plötzlich Schritte und zuckt zusammen. Ein Menschenschatten ragt über ihr auf! Doch zum Glück ist es nur Luis, der gerade mit seiner Schwester hereinkommt. Er hebt das Törtchen auf und reicht Amanda das Minzblatt, das sie überglücklich an sich drückt.

Petronella schwebt auf ihrem Besen in der Luft und fragt: „Wo ist denn Hilda?"

„Die ist einfach abgehauen", sagt Amanda beleidigt.

Die anderen wechseln erstaunte

Blicke, doch dann greift Luis nach einem Löffel. „Na gut, das klären wir später. Jetzt holen wir dich erst mal da raus." Er will gerade den Löffel vorsichtig in die Schokomasse schieben, als …

„Na, na, na!"

Erschrocken fahren die Kinder herum. Herr Kuchenbrand steht hinter ihnen. Petronella versteckt sich, so schnell sie kann.

„Ich habe doch gesagt, ihr sollt nicht naschen!" Streng schaut Herr Kuchenbrand Luis an, der das Törtchen hinter seinem Rücken versteckt.

„Äh … haben wir doch auch gar nicht!", verteidigt Lea ihren Bruder, doch ihr Vater hält nur auffordernd seine Hand hin.

Zögernd reicht Luis seinem Vater das Törtchen, während Petronella schon ihren Zauberstab zückt, bereit einzugreifen. Doch die schlaue Amanda hat einfach das Minzblatt über sich gezogen, sodass sie überhaupt nicht zu sehen ist.

Die Kinder atmen erleichtert auf, und Herr Kuchenbrand schaut erstaunt auf das Törtchen. „Mmh, Minze! Geniale Idee, und eine sehr gute noch dazu! Das gibt dem Ganzen noch eine besondere Note. Entschuldigt bitte. Und ich habe doch tatsächlich gedacht, ihr wollt heimlich naschen."

Die Kinder lachen nervös, und Luis will wieder nach dem Törtchen greifen. „Ach, macht doch nix, Papa."

Doch Herr Kuchenbrand hat die kleine Leckerei schon auf einen Teller gelegt. „Das werde ich gleich servieren!", sagt er und eilt aus der Backstube. „Frau Sander wird begeistert sein."

„Was?" Die Zwillinge sehen sich bestürzt an und folgen ihrem Vater auf die Terrasse, wo Frau Sander bereits an einem Tisch sitzt. Hilda auf der Regentonne quiekt erschrocken auf.

Hilflos beobachten Lea und Luis, wie Herr Kuchenbrand das Törtchen vor Frau Sander absetzt und verkündet: „Sie werden hin und weg sein. Und achten Sie auf die Minze." Er zeigt auf seine Kinder. „Das war ihre Idee."

Das Minzblatt hebt sich leicht, und Lea und Luis sehen, wie Amanda empört den Kopf schüttelt und auf sich zeigt. Möglichst unauffällig gibt Luis ihr zu verstehen, dass sie sich still verhalten soll. Frau Sander blickt die Kinder abschätzig an.

„Ach ja? Na, wir werden sehen."

Da ertönt die Türglocke von der Bäckerei, und Herr Kuchenbrand verabschiedet sich. Er muss sich um die neue Kundschaft kümmern.

Frau Sander hebt die Kuchengabel, bereit, die neueste Kreation des Bäckermeisters zu probieren, und Amanda schließt zitternd ihre Augen.

Erst im letzten Moment kann Luis den Teller wegziehen. „Ähm … darf ich Ihnen ein bisschen Sahne drauf tun? Das schmeckt noch besser."

Doch Frau Sander nimmt ihm den Teller sofort wieder ab. „Nein danke. Sahne verfälscht den Geschmack."

„Und wie wär's stattdessen mit einem viel, viel größeren Schokotörtchen?", versucht nun Lea ihr Glück und greift ebenfalls nach dem Teller.

Doch Frau Sander schnappt gleich wieder danach und blickt sie finster an. „Nein. Ich will genau DIESES Törtchen essen!" Erneut hebt sie die Gabel – und schaut verdutzt auf die Stelle, an der gerade noch ihr Kuchenteller stand.

Petronella hat all ihre Zauberkraft zusammengenommen und dirigiert ihn mit dem Zauberstab durch die Luft direkt in Luis' Hände.

„Das ist MEIN Törtchen!", keift Frau Sander.

„Nein, unseres!", ruft Luis und hält entschlossen fest, als Frau Sander ihm den Teller erneut abnehmen will. Es entbrennt ein heftiger Kampf um den Kuchenteller, und Raupe Amanda ist schon bald ganz schlecht vom Hin- und Hergeschaukel.

Zum Glück werden die Zwillinge unauffällig von Petronella unterstützt. Die kleine Hexe hält sich auf ihrem Hexenbesen gefährlich nah am Teller in der Luft. Als Petronella im Eifer des Gefechts jedoch von der um sich schlagenden Frau Sander getroffen wird, gerät sie auf ihrem Besen ins Taumeln und plumpst in die Regentonne, auf deren Rand Hilda nun erschrocken aufspringt.

„Oh nein, ich habe meinen Zauberstab verloren!", ruft die Apfelhexe, als sie aus dem Wasser auftaucht. Lea und Luis erstarren, und Frau Sander nutzt die Gelegenheit, um den Kuchenteller endgültig an sich zu reißen.

„Keinen Schritt weiter!", befiehlt sie und setzt sich wieder an den Tisch. „Das ist MEIN Törtchen!"

Luis sieht verstohlen zur Regentonne, in der Petronella hektisch nach ihrem Zauberstab taucht. Lea fleht Frau Sander an: „Bitte, Frau Sander, ich kann Ihnen ..."

„Ich will nichts hören!", unterbricht diese das Mädchen mit einer herrischen Geste. „Ich esse jetzt dieses Minz-Törtchen, und nichts und niemand wird mich davon abhalten."

Doch als ihr Blick wieder auf den Teller fällt, reißt sie die Augen auf. Direkt vor dem Törtchen steht Hilda! Sie hat sich von der Regentonne hinuntergewagt, um ihrer Freundin beizustehen. Zitternd wie Espenlaub streckt sie nun ihre Pfoten aus und macht unsicher: „Grrr!"

Das ist zu viel für Frau Sander! Kreischend springt sie auf, wirft die Gabel weg und rennt davon. Hilda schaut überrascht auf ihre Pfoten, dann auf ihre Freunde.

„Wow", murmelt sie.

Die anderen jubeln. Nun taucht auch Petronella mit ihrem Zauberstab am Rand der Regentonne wieder auf und lächelt erleichtert.

Hilda und Amanda stehen sich auf dem Tisch gegenüber und schauen sich verlegen an.

„Also, was ich noch sagen wollte ...", beginnt Amanda und räuspert sich. „Danke. Und ... bist du jetzt wieder meine beste Freundin?"

Es wird kurz still, und alle schauen Hilda gespannt an. Die kleine Maus nickt lächelnd. Amanda zieht sie an ihre Brust und drückt sie fest an sich. So fest, dass Hilda wieder fast keine Luft bekommt. Doch sie lächelt glücklich.

Die Freunde befreien Amanda aus dem Törtchen und machen sich auf den Weg zum Eimer, damit die Raupe endlich ihr Festmahl vorbereiten kann. Der Höhepunkt des Essens werden Amandas unvergleichliche Blaubeer-Minz-Törtchen – dank Hildas Hilfe MIT Minze.

Noch lange hört man am Abend das Lachen der Freunde und zwischendurch das laute „GRRRR!" von Hilda, das sie immer wieder zum Besten geben muss. Amanda ist wirklich froh, eine so „furchterregende" beste Freundin zu haben!

Noch mehr Vorlesespaß mit
Petronella Apfelmus

 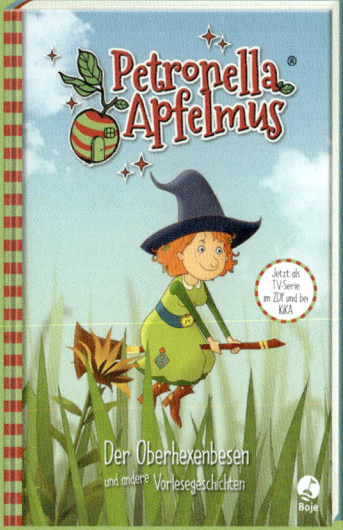 

Band 1

Der Hexengeburtstag und andere Vorlesegeschichten

ISBN: 978-3-414-82581-0

80 Seiten

€ 12,90 [D] / € 13,30 [A] / sFr 16,90

Mit vielen bunten Bildern aus der TV-Serie

Band 2

Der Oberhexenbesen und andere Vorlesegeschichten

ISBN: 978-3-414-82589-6

80 Seiten

€ 12,90 [D] / € 13,30 [A] / sFr 16,90

Mit vielen bunten Bildern aus der TV-Serie

Band 3

Die Vollmondparty und andere Vorlesegeschichten

ISBN: 978-3-414-82602-2

80 Seiten

€ 12,90 [D] / € 13,30 [A] / sFr 16,90

Mit vielen bunten Bildern aus der TV-Serie

Apfelhexe Petronella erlebt nun auch im Fernsehen aufregende Abenteuer. Parallel zur Animationsserie im KiKa/ZDF tivi gibt es Vorlesebücher, in denen die schönsten TV-Episoden noch einmal nacherzählt werden. In jedem Buch finden sich drei Geschichten und viele bunte Bilder aus der Serie. Für alle kleinen Fans ab 4 Jahren.

FOLGE DER BuchstabenBande

Lesen! Basteln! Zeichnen!

Bei der BuchstabenBande findest du Vorlesevideos, Buchempfehlungen, Basteltipps, Zeichenvideos und alles rund ums Kinderbuch.

YouTube
BuchstabenBande

Instagram
buchstaben_bande

Facebook
BuchstabenBande

Und höre unseren BuchstabenBande Podcast